# endeavor

*From Awareness to Breathing*

## 101 BILINGUAL POEMS

*Intento : De La Conciencia a la Respiración*

# Franklin H. Perez

© 2020 Franklin H. Pérez
All rights reserved.
No part of this publication in print or in electronic format may be reproduced, stored in a retrieval system, or transmitted in any form or by any means, electronic, mechanical, photocopying, recording, or otherwise without the prior written permission of the publisher.
English Editor: Maria Jacketti.
Spanish Editor: Adriana G.
Distribution by Bublish, Inc.
978-1-64704-165-6 (Paperback ISBN)
978-1-64704-166-3 (eBook ISBN)

**Children's Books**
**Libros Para Niños**

**Where Your Child's Mind Should Be!**
**¡Donde La Mente De Su Niño Debe Estar!**

*To my grandmother, Yagüate and Sebastian*

*Para mi abuela, Yagüate & Sebastian*

"We are like islands in the sea, separate on the surface but connected in the deep."
—**William James**

"Man was born free, and he is everywhere in chains.
—**Jean-Jacques Rousseau**

"El andar tierras y comunicar con diversas gentes hace a los hombres discretos"
—**Miguel de Cervantes Saavedra**

"La muerte es una quimera: porque mientras yo existo, no existe está; y cuando ella existe, ya no existo yo."
—**Epicuro**

"Nunca consideres el estudio como una obligación sino como una oportunidad para penetrar en el bello y maravilloso mundo del saber"
—**Albert Einstein**

"Ser tolerante no significa que comparta la creencia de otro. Pero sí significa que reconozco el derecho del otro a creer, y obedecer, a su propia consciencia.
—**Victor Frankl**

"El Karma no es lo venganza del universo, es el reflejo de tus acciones."
—**Italia Sontoyo**

"Deux étions et n'avions qu'un coeur."
—*François Villon*

# Contents

THE TROPICAL URBAN-MAGICAL REALISM OF
FRANKLIN H. PEREZ ................................................................. 1
EL REALISMO TROPICAL MÁGICO- URBANO DE
FRANKLIN H. PEREZ ................................................................. 5

### ESPAÑOLES

1. YAGÜATE, ME DUELEN LAS PISADAS .......................... 11
2. DESNUDA ............................................................................. 13
3. LA INOCENCIA DE TU MIRADA .................................... 14
4. EFÍMERA .............................................................................. 15
5. INMÓVIL .............................................................................. 16
6. NOCTURNA ......................................................................... 17
7. LA ISLA EN TU PECHO ..................................................... 18
8. LABIOS DE ROSA ............................................................... 19
9. SUMERGIDO ....................................................................... 20
10. 70º DE SEPARACIÓN .......................................................... 21
11. ABRILEÑO ........................................................................... 22
12. INSURRECCIÓN & PAZ ..................................................... 23
13. EL TIEMPO .......................................................................... 24
14. LA MUERTE ......................................................................... 25
15. DOLOR & TRAICIÓN ......................................................... 26
16. EL CULTO A LOS METEORITOS ..................................... 27
17. DANZA CON ANACONDA ................................................ 28
18. PISO TU SOMBRA .............................................................. 29
19. EN TUS EXTREMOS ........................................................... 30
20. TU ENCONTRÁS ROSA ..................................................... 31
21. ME PERDERÁS .................................................................... 32
22. AMORES ............................................................................... 33
23. MI MUJER DE OJOS MÁJICOS ......................................... 34
24. TU FURIA ENLOQUECE MI PIEL .................................... 35
25. TE SUEÑO ETERNA ........................................................... 36
26. MI MUSA .............................................................................. 37
27. GAVIOTA BLANCA ............................................................. 38

28. ENCONTRÉ MI TESORO DE AZÚCAR .................................................. 39
29. TATUAJE .................................................................................................. 40
30. NOCHE SOLITARIA ............................................................................. 41
31. UN ÁNGEL TOCÓ MI PUERTA ......................................................... 42
32. GANAS ..................................................................................................... 43
33. EXTRAÑOS ............................................................................................. 44
34. VERTE ...................................................................................................... 45
35. NINFA ...................................................................................................... 46
36. SI NO HAY UN BESO ........................................................................... 47
37. DEVORAR ............................................................................................... 48
38. UNA FLOR RETOÑA ............................................................................ 49
39. MI RAZÓN DE SER ............................................................................... 50
40. DELIRIO EN EL PRONOBRE ELLA .................................................. 51
41. CUANDO LOS FANTASMAS INDICEN EN LA CREATIVIDAD .... 52
42. EN MI DEBILIDAD ............................................................................... 53
43. EN TU RECÁMARA .............................................................................. 54
44. ERES ......................................................................................................... 55
45. ENCONTRÉ EN TÍ ................................................................................. 56
46. TE ALEJAS .............................................................................................. 57
47. RE-HISTORIA ........................................................................................ 58
48. CONQUISTA ........................................................................................... 59
49. TE PIDO EN SILENCIO ....................................................................... 60
50. EXISTIMOS ............................................................................................ 61
51. MUSA ....................................................................................................... 62
52. TU DELICADEZA .................................................................................. 63
53. TU PROCEDENCIA ............................................................................... 64
54. ESCRIBA ................................................................................................. 65
55. REVOLUCIÓN ABSURDA ................................................................... 66
56. ILUSA DEMOCRACIA .......................................................................... 67
57. QUISQUEYA MI PEDACITO DE TIERRA ...................................... 68
58. HEGEMÓN DE ESTRELLAS .............................................................. 70
59. DEMO- ..................................................................................................... 71

## ENGLISH / INGLÉS

60. MYSTICAL RED HAIR ......................................................................... 75
61. MEMORY'S FLIRTATION ................................................................... 76
62. THE BLUE WHALE GIRL .................................................................... 77
63. COSMIC ORDER .................................................................................... 78

| | | |
|---|---|---|
| 64. | BREAKFAST AT NICE MATIN | 79 |
| 65. | DARKEN MY SOUL | 80 |
| 66. | PATCH ME UP LIKE A SCARECROW | 81 |
| 67. | A HYBRID BOMBSHELL | 82 |
| 68. | THE DOPPELGÄNGER OF ME | 83 |
| 69. | MIRRORS | 85 |
| 70. | SPECTATOR | 86 |
| 71. | NO ONE KNEW | 87 |
| 72. | THE TUNNEL | 88 |
| 73. | BEE | 89 |
| 74. | BUNDA'S ARK | 90 |
| 75. | HUMANITY | 91 |
| 76. | IF I CLING TO YOU | 92 |
| 77. | IF I WERE YOU | 93 |
| 78. | THE INK I FOLLOW | 94 |
| 79. | BOHEMIAN TRAVELER | 95 |
| 80. | JUSTICE | 96 |
| 81. | TO DIE | 97 |
| 82. | WHAT STORY I CAN TELL? | 98 |
| 83. | I FABRICATE | 99 |
| 84. | REDAEL | 100 |
| 85. | VICE | 101 |
| 86. | ENIGMA OF MY SENSES | 102 |
| 87. | MY CONFINEMENT | 103 |
| 88. | NEO-SAVANT | 104 |
| 89. | SILENT PUS | 105 |
| 90. | AT THE BAR | 106 |
| 91. | VESSEL OF THE CHOSEN | 107 |
| 92. | BINARY | 108 |
| 93. | FEMALE DON QUIXOTE | 109 |
| 94. | THE SCRIPT... | 110 |
| 95. | THROUGH FORCE | 111 |

## BILINGUAL (ENGLISH/SPANISH)

| | | |
|---|---|---|
| 96. | LE PETIT PARISIEN (in English) | 115 |
| 97. | LE PETIT PARISIEN (en Español) | 117 |
| 98. | LE PETIT PARISIEN (en Français) | 119 |
| 99. | I AM A MUTANT: AS I AM A PILGRIM | 121 |

100. MISTERIO MUTANTE ........................................................................ 123
101. ISLAND ............................................................................................... 124
102. ISLA .................................................................................................... 125
103. HAZLETON, ENCANTO DE DOS VIAS ....................................... 126
104. HAZLETON, TWO LIVES OF ENCHANTMENT ....................... 128

## FRANÇAIS

105. LE FEUILLAGE: ENTRE LA CHAUX-DE-
    FONDS ET NEUCHÂTEL .............................................................. 133
106. JE SOUHAITE ................................................................................... 135

107. ACKNOWLEDGEMENTS/ AGRADECIMIENTOS ..................... 137

*"Yagüate, en este lugar mágico ví la presencia, la pureza, los matices de los colores y conocí la belleza del Creador, cuando descendía a tomar agua en forma de Arco Iris. También, la magia del dulce como humo negro."*

—**Franklin H. Pérez**

# THE TROPICAL URBAN-MAGICAL REALISM OF FRANKLIN H. PEREZ

### BY MARIA JACKETTI

In a world of so much boring, derivative poetry, Franklin Perez's verse gleams through the mud of most of it with a genuine voice of the Americas. If you want to read gray poetry, look somewhere else. Perez's work transports us into technicolor universes.

When I consider his work, I feel the heart-beat of the New World. He takes us into the deep sugarcane fields of his native Dominican Republic, of course, a place where we can smell the sweetness of life made so simple and pure; we also get to feel the urban pulse of his second home, New York City. Beyond this, I am thrilled that he writes about my hometown of Hazleton, Pennsylvania, where a battle for the very soul of America rages today. In fact, I would like to steal Franklin away from New York City and get him back here to document this very important American journey. We are multi-dimensional. The Newtonian universe must make room for this quantum reality. We are the New World, where quantum physics rule.

Perez instinctively shows us that he is a poet of the New World. He can paint with all colors, and even with the colors that exist between the colors that human eyes can't perceive, at least not so easily. He helps us to increase our perception, however. From the very beginning of human writing, we witness poets telling the stories of cities, battle fields, orchards and sanctuaries carved out by the Earth Mother over eons. Yet, this kind of communication was made for humans first. No matter, all of nature also hears it. Primordially, this type of expression became as necessary as the oxygen we churn into life.

Whether he is writing poetry or children's literature, he is a landscape painter and a cinematographer when words require a greater panoramic sweep of motion. And when isn't that the case? We all inhabit unique places.

Franklin Perez has the extreme gift of being a poet of place. He flexes an instinctive grasp of cultural geography, and we find that geography is one of the great shapers of individual and personal character. How easily we forget this truth.

I met Perez several years ago at a Latino television station in Hazleton, where I first read his delightful and original children's book Buttons and Zippers. I experienced enchantment at first read. Children's literature is one of my passions, and through Franklin's pages, I experienced something that is very much missed today—originality expressed in a timeless message. In order for humanity to survive we have to learn (fast) how to cooperate.

This is the message that two ultra-competitive boys learn from a wise old tailor. (I appreciate that Perez underscores the value of age and experience here.)

Ultimately, in any form of literature that he writes, he has the gift for accomplishing the unlikely, leading to what almost every reader craves, a moment of surprise or even a grander epiphany.

Once he told me that he was going to write a poem about a beautiful woman he had just met. Now which poet has not written some sort of love poem? They are usually trite, and writing them can be tricky.

"Really?" I replied. He then told me that he was going to compare her to a blue whale!

"No, Franklin! You can't compare her to a blue whale! She will freak out, and you will never see her again."

And then one day I read his unlikely poem about whom I call "The Blue Whale Girl." It not only worked; it was a pure imaginative extravagance. I also fell into the woman's blue eyes and swam through a quantum experience.

The most important thing that a reader of this book can do is to pass it on and on and on, and then procure additional copies. The world needs to wake up to the genius of Franklin Perez.

I already have.

# EL REALISMO TROPICAL MÁGICO- URBANO DE FRANKLIN H. PEREZ

POR MARÍA JACKETTI

En un mundo de tanta poesía aburrida y derivativa, el verso de Franklin Pérez resplandece entre el fango de algunas de ellas con una voz genuina de las Américas. Si usted desea leer poesía gris, busque en otro lado. El trabajo de Pérez nos transporta a universos tecnicolores.

Cuando contemplo este trabajo, siento el latido del Nuevo Mundo. Él nos lleva al interior de los profundos campos de caña de azúcar de su nativa República Dominicana, por supuesto, un lugar donde se puede olfatear la dulzura de la vida hecha tan simple y pura; también se puede sentir el pulso urbano de su segundo hogar, la ciudad de Nueva York. Más allá de esto, me emociona que escriba sobre mi ciudad natal Hazleton en Pennsylvania, donde actualmente arde la batalla por el alma misma de América. De hecho, me gustaría robarme a Franklin de Nueva York y traerlo de vuelta aquí para documentar esta importante jornada estadounidense. Somos multi-dimensionales. El universo Newtoniano debe hacer espacio para esta quántica realidad. Somos el Nuevo Mundo, donde la física quántica impera.

Pérez nos muestra instintivamente que es un poeta del Nuevo Mundo. Él puede pintar con todos los colores, incluso con aquellos queexisten entre los colores que los ojos humanos no pueden percibir, al menos no tan fácilmente. No obstante, nos ayuda a intensificar nuestra percepción. Desde el principio mismo de la escritura, hemos presenciado a poetas contando historias de ciudades, campos de batalla, plantaciones y santuarios labrados por la Madre Tierra durante eones. Aun así, este tipo de comunicación fue hecho primero por humanos. Independientemente de esto, toda la naturaleza lo escucha también.

Primordialmente, este tipo de expresión se volvió tan necesario como el oxígeno que convertimos en vida.

Ya sea que esté escribiendo poesía o literatura infantil, él es un pintor de paisajes y un cinematógrafo cuando las palabras requieren una extensión panorámica de movimiento superior. ¿Y cuándo no es ese el caso? Todos habitamos lugares únicos.

Franklin Pérez tiene el gran don de ser un poeta de lugar. Él muestra un dominio instintivo de geografía cultural, y consideramos que la geografía es uno de los grandes formadores del carácter individual y personal. Cuan fácilmente olvidamos esta verdad.

Conocí a Pérez hace muchos años en una estación de televisión latina en Hazleton, donde leí por primera vez su original y encantador libro para niños "Botones y cremalleras". Sentí fascinación a primera lectura. La literatura infantil es una de mis pasiones y, a través de las páginas de Franklin, experimenté algo que hace mucha falta hoy- originalidad expresada en un mensaje atemporal. Para que la humanidad sobreviva debemos aprender (rápido) cómo cooperar.

Este es el mensaje que dos niños muy competitivos aprendieron de un sabio sastre anciano. (Aprecio que Pérez destaque el valor de la edad y la experiencia aquí.)

Definitivamente, en cualquier forma de literatura que él escriba, tiene el don de lograr lo improbable, llevando a lo que casi cualquier lector anhela, un momento de sorpresa o incluso una grandiosa epifanía.

Una vez él me dijo que iba a escribir un poema sobre una hermosa mujer que acababa de conocer. ¿Cuál poeta no ha escrito actualmente algún tipo de poema de amor? Estos son por lo general trillados, y escribirlos puede ser complicado.

"¿En serio?" respondí. ¡Luego me dijo que iba a compararla con una ballena azul!

"¡No Franklin! ¡No puedes compararla con una ballena azul! Ella se alterará y nunca la verás de nuevo."

Y entonces un día leo su insólito poema sobre quien yo llamo "La Chica Ballena Azul". No sólo funcionó; era pura extravagancia imaginativa. Caí también en los ojos azules de la mujer y nadé a través de una experiencia cuántica.

Lo más importante que un lector de este libro puede hacer es difundirlo sucesivamente, y luego adquirir copias adicionales. El mundo necesita despertarse ante la genialidad de Franklin Pérez.

Yo ya lo hice.

# Españoles
POEMAS

# YAGÜATE, ME DUELEN LAS PISADAS

Ya no te huelo,
tean transformado tanto,
tengo tanto que no te veo.

Pensaste que me expulsaste de tus recuerdos,
pero no lo has logrado.
Me duelen las pisadas de saber que ya no piso tu olor,
eterna mía.

Tus maravillas se me han quedado plasmada,
como los trazos coloridos de las mariposas,
como en gigantes Larousse...
Me he ido a tierras extrañas en contra de mi voluntad,
he tratado de borrar tus tatuajes, ha sido imposible,
me siento vomitado como pez de mar.

Mi unico consuelo es cuando te toco,
en mis sueños,
y te veo en mis recuedos,
Te extraño tanto que me consumes.

La resolución inmediata es verte,
pués no me doleran las pisadas en esta tierra extraña,
el dictamen de la distancia, me excomunicó de verte,
Extraño tus rios de agua dulce,
tu agri-dulce de tamarindo,
tu aire de amapola,
tu color de flor de sol.

Mis recuerdos tejidos de lo que siempre fue,
me transplantaron, pero te llevé con migo,
me siento perdido como las pajas negras,
cuando te quemaban para retoñar,
Me duelen los pasos cuando piso otras, que no eres tú.

Te extraño tanto como cuando observaba los pajaritos,
dejado solos en sus nidos.

Me dejaste como piéride en tu metamorfosis,.
No te detengas, por favor.
Buscame, llamame...
retorname, me duele tanto las pisadas,
y tengo miedo no volver a verte.

Me duelen tanto las pisadas de no ser yo.
Oh, Yagüate, niña de mi infancia, te amo!

# DESNUDA

Esbelta,
Te veo doble,
te pintó Picaso el busto perfecto,
ombligo azúcarado,
esculpido por Michealanchelo,
te sueño barro,
transpira viva,
alteras mis pupilas,
belleza de flor de Jardín de Babilonia.

Tu tranquilidad invita muerte,
te deseo, eres prohíbida,
hablas sin palabras,
almanaque de la antiguedad,
diosa de prisioneros en transición,
egos de transeúntes,
ilusión sin reversa,
belleza sin cesar.

Flor de amapola,
flor de lis,
de tu piel brotan gotas de olor.

Ya te encuadré en mi senblante,
yo, transgresor del regreso eterno,
haz de mí lo que quieras,
haz correr tu agua lluvia en mi piel,
sirena de agua dulce.

# LA INOCENCIA DE TU MIRADA

Me dio tu alba en el entrecejo,
me penetraron tus pupilas,
corrieron lágrimas de alegría,
tu belleza me turbó la mente,
el perfume de tu piel arrastró mis labios,
tu vida me haló como un imán.

Tu respiración conspira conmigo,
hazte cómplice de mí,
y existiremos paralelamente,
y te harás dueña de mi mente.

La inocencia de tu mirada me hace crear,
pintar tu silencio para mi despertar.
Tú, temporaria como siempre,
dando vueltas a esta vida joven,
ven, sé cómplice conmigo y seamos eternos.

# EFÍMERA

Como la foto que se quedó plasmada para siempre.
un recuerdo de lo que no muere...
el espacio que helaste...
como quedan las aves en artes plásticas,
como jeroglíficos tallados en papiro.

Efímera, por el dictamen de éste encuentro...
Gran impresión, ya olvidada.

Te quedaste como mancha indeleble,
como canción fresca,
como tatuaje de nube que siempre aparece,
efímera, te llama mi mente cuando no te recuerdo.

Efímera, como transeúnte en el resplandor del sol,
te enciendo cuando me parece...
dejaste tus huellas en mi piel,
no has desaparecido al pasar del tiempo.

# INMÓVIL

Tu perfume me borró los versos de tu poema,
tu mirada me exprimió los huesos,
tu ternura me hizo sentir ríos de aguas vivas.

Aquí me encuentro pálido,
clavado en tu semblante,
petrificado por el no sé qué hacer.
Inmóvil por un semblante de color oliva,
me traicionaron los nervios.

Desconozco tu descendencia,
me sorprendió el día,
ya no amanecerá para mí.
¡Ay de mí por no atender mis miradas!
no debí verte,
no sé por qué no me lo impidieron.

Electrificado y cabizbajo, ya desmayo,
me perdí sin saber quién era,
ahora te busco, pero no te encuentro.
¡Voy a explotar como volcán!

# NOCTURNA

Eterna que hace brillar la existencia,
balance de lo infinito,
sin tí no existo,
magia de la imaginación.

Aroma café,
nocturna derretida en ámbar,
perla preciosa de la evolución,
te pierdo mientras te disluye con el alba.

Hoz del camino de la conciencia,
esperada con tanta ansiedad,
Incógnita como fugas,
delicia, nectar de la oscuridad,
estrella fugaz que paso por alto.

Revolución transformadora que absorbe lo pasajero,
locura de lo invisible,
presencia permanente de mi materia,
minuscula y explosiva,
belleza de escalinatas,
paseo entre arboles discretos,
Silban una canción antigua de versos de amor.

Restaura mi confianza en tí,
retorna lo perdido entre los dos,
flotaré en tí como espuma a confianza,
regresaré a tí como río que retorna al mar,
te extraño, ven a mí.

## LA ISLA EN TU PECHO

Como clavel te anuncias,
entre archipiélagos,
azabache de suerte,
brochazo de virtud,
punto final.

Mis ojos alcanzaron tus pechos,
no creía.
Me asomé a verte,
entre el velo de lo opaco,
la sombra cubría la hermosura de tu pétalo.

Me sudan las manos.
Es imposible remar a tí,
ya te amo lunar mío.

# LABIOS DE ROSA

Sordo, ya no escucho tus palabras,
solo veo la silueta y movimiento de tu cuerpo.
Labios ovalados,
contornos oblícuos,
color de rosa,
suaves como los pétalos.
Olas de mar esculpieron tus líneas perfectas.

Volcán de fuego, enciendes mis entrañas,
El rojo de tus labios me da taquicardia
Mis pupilas se rinden al mirar tu boca.

Veo besos que despiden pétalos,
copitos de humos con mensajes angelical.
Bulbujas de fresas, se plasman en el cristal,
mis labios como melón se hacen agua,
derrite el chocolate de tus labios en los míos.

Labios de rosa,
labios eternos,
arrolla los míos, tengo sed de tus besos.

# SUMERGIDO

Como corazón por dentro,
como voz del alma,
como palabra en silencio,
como gritos a distancia.

Como clavel al estallar,
como alas de mariposas envueltas en siluetas,
como piel sin sangre,
Como pichón en nido.
Me sumergen tus miradas,
como retinas que se esconden de tu luz,
como rayos de sol que adormecen mis pestañas,
Me atrapas en sueños sin salidas.

Me atraparon tus mareas,
me sumergió el mar cuando escuché tu melodía,
me sumergió tu caminar,
tu canción suave.

Como pétalo sin apertura, así estoy.
Encerraste mi alma,
me sellaste como alabastro,
te amo más que a mí.
Sumérgeme en tus brazos,
solo hazme pensar en ti, hazme feliz.

# 70° DE SEPARACIÓN

Déjà vu,
tu olor no fue en vano, ni coincidencia,
cuando te vi, no miraba a través de una máscara,
ni una fosa de esqueletos,
Sin esperar una eternidad,
sólo guiarnos de una numerología de complejidad perpetua.

Cuando nos tocamos,
estallamos como luz,
voluntad de atractivos opuestos,
tomamos velocidad cuando nos tocamos en el reflejo,
sumergidos a través de la distancia como transformación perfecta.

El ruido aniquiló la creencia errónea de la multitud.
No quiero diamantes, ni piedras preciosas,
ya tengo mi grado de circunferencia,
¡Ya soy feliz!

Rueda de la eternidad que haces y deshaces,
retorno eterno de la oscuridad,
no culpo a la etimología,
solo un choque de pura energía,
sólo tomó setenta grados de separación esta felicidad.

# ABRILEÑO

Piel de oliva,
carita de estoico,
parlante del lenguaje universal,
tus abriles serán recuerdos por una eternidad.

Mirada cándida,
réplica de mis venas,
caminar de espacio, pies de fuego,
alma renacentista,
recuerdos de Albert Einstein,
compañero de mi eternidad.

Ternura de padre a hijo,
abrazos sinceros,
como una flor abraza al agua,
Je t'aime, Sebastian.

# INSURRECCIÓN & PAZ

Sublime a lo que soy,
de dónde soy, para dónde voy,
principio y fin.
Lucha interna,
derrota conquistada,
soy metal, soy hoja.

Sonar de trompeta,
crepúsculo incandente,
pregono salvación.
Destrucción y paz,
emociones encontradas.

Velas deslumbrando camino,
rocío que humedecen mis labios,
verdades por doquier.
Conflicto con sello eterno.
Venas derretidas,
tampado laguna soy,
esperan sin condición,
visión ya alterada.
No sé para donde voy.

# EL TIEMPO

Entre dedos, así pasas,
me mueves mientras descanso suspendido,
escalofrío que toca profundo,
me llenas de aires, después explota.

Carne y hoja,
eres moriviví,
pneuma que canta.
Vives en el murmullo de lo infinito.

Vienes y vas,
esqueleto con vida,
euforia de la humanidad,
lo que no falla ni olvida.

# LA MUERTE

Eterna,
no me asombro de verte,
tu música de violín calma mi mente,
brillas como estrella fugaz,
como Pegaso galopas al bajar,
dancemos por curiosidad.

Hermosa oscuridad,
vienes de prisas,
como tren en su vaivén,
incansable círculo de vida,
transparente, pero te siento,
minutera de hora de apunte,
ángel sin peso,
vines, no esperas y te vas.

Holocáusto, foresta de fuego, río caudaloso,
danza de agri-dulce, silencio sin reverencias, rango elevado,
eres ella, eres él,
eslabon curioso, arrebato de esperaza.

Adrenalina sin control, corazón exaltado,
abracemonos una vez más, conviérte en miniatura,
hasme explotar en otra vida, quiero ser nueva estrella,
exquisité del saber, quiero brillar...

# DOLOR & TRAICIÓN

Olor a puz,
ponzoña de escorpión
traición antigua,
desgarre del alma inmunda,
pantano de muerte.

Sonrisa de azufre,
alianza de vibora
contamina el aire
voz de dragón
te escondes detrás de un velo, alma sin ojos.

Caminos deshabitados,
anguillas que embocan muerte
misería humana,
sin conciencia
sandalias de espinas
ries como te pudres por dentro.
Traición de Judas? No, de Medusa.

# EL CULTO A LOS METEORITOS

Los dioses sólo me dejaron el camino al culto a los meteoritos.

Me he arrimado a los pensamientos de un Foucault,
La telaraña me ha enseñado a interpretar,
el algoritmo de lo esencial.

Alfa en incógnita.
Espero el omega con incertidumbre,
ha desaparecido,
basta una década,
metamorfosis hirviendo.

Los dioses me dejaron su hermenéutica.
Descifro la circunferencia de los callejones sin salidas,
me he convertido en mí mismo, en ti, en ustedes...

Invoco al maestro de la métrica perfecta,
de la piedra angular,
pero sólo me queda éste camino y la poesía.

# DANZA CON ANACONDA

Soy intenso como amor de Anaconda,
Amor por días,
Epicúreano hasta el máximo,
Baile con un poco de picardía tropical,
Elixir con afrodisíacos etérno,

Existimos en paraísos paralelos,
Te conquisto el alma,
Mojados en sueños secos.

Xtabentún, delírio de los dioses,
Te aseguro satisfacción,
Amor de diosa, Anacaona,
Rosas y espinas.

Placer suave,
Emociones articuladas,
Sinfonía de violín,
Muerte con caricias,


Ningún arrepentimiento,
Ráfagas, metrallas,
Boulevard Morgue,
Callejón sin salida,
Pestillo voluptuoso,
Deseo de escorpión.

# PISO TU SOMBRA

Piso tu sombra al pensar en ti,
el vestido de sirena,
el perfume de tu aroma de piel,
el murmuro entre tus dientes, dicen no sé.
La impaciencia del tiempo,
el verso que arrastra incógnitas,
el impulso atómico de vida de tus piernas.

Beso prestado,
el final de tus labios tocaron los míos,
ví un lunar en tus labios.
Un silencio largo,
pisamos los dos lo prohibido.

# EN TUS EXTREMOS

Bajo mil grados Kelvin.
En los huesos pérdidos en la Catacumbas,
en voces derretidas en tiendas,
en lo infinito sin sentido,
en el manto de tu túnica.

En el vacío de un precipicio,
tu voz grabada en la concha del caracol,
en secretos en rocas fragméntadas,
en encuentros de espuma y sal.

En el misterio grís,
en sirena de arco iris,
cuando jugamos a encondidas.
No maldad, sólo tú y yo.

# TU ENCONTRÁS ROSA

En nuestro álbum de fotografías,
Albas encureñadas,
Atardeceres con nubes de amor,
Viajes infinitos,
Musas llenas de sonrisas,
Secretos imprudentes,
Suspiros en agonía de amor.

Pétalos rotos,
Vagos como yo,
Se entrecruza calles de amor,
Solo puede sellarlo con mi amor.

Nuestro nombres tallados en árboles frondosos,
Las calles que pintamos de amor,
El sudor plasmado en sábanas de algodón,
Serenatas de amor,
Cuando tu fuego apagaba mi sed.

Cuando la saliva se escurría entre los poros,
Lugares inolvidables,
Comidas exóticas,
Fantasías cumplidas.

Días solitarios,
Noches claras,
Solo el fantasma de Cupido sabe que te amé,
Te amo y te amaré.

# ME PERDERÁS

Porque me mientes?
Por no tener valor de heroína o poetisa,
Por no luchar por quien te ama a fondo,
Por un imprevisto,
Por un extremo fugaz,
Por el qué dirán,
Por no escuchar tu corazón,
Por los latidos del alma que ambula por el otro.

Me perderás por caprichos,
Por no pensar en el enredo de la lengua,
Por un error mal calculado,
Por cumplir con campanas de iglesia,
Por vender tu corazón alguien que...
Por no sumar bien tus memorias,
Por querer olvidar a prisa,
Por no contemplar nuestro futuro en el reflejo del agua.

Me perderás pronto,
Por no seguir tu yin-yang, tu media naranja,
Extrañarás mi pelo perspicaz en mi pecho,
Extrañarás mi lunar entre mis labios,
Me recodarás hasta el fin del mundo como yo a ti.

# AMORES

Atados a los extremos,
Al vagar de los días,
Al vaivén de las olas,
Al ir y venir de un tren.

Un escape sin salidas,
Una rotación de planetas,
Una telepatía precisa,
Una atadura sin control,
Un amor sin fin.

Unos deseos que erizan la piel,
Dos corazones que laten de amor,
Atados a una prisión.

# MI MUJER DE OJOS MÁJICOS

Tus ojos grandes traspasaron mi alma,
Me enlazaron tus pestañas el corazón,
Quedé prisionero de tu brillo,
Tu aura me siguió en la noche,
Me cantaron una canción de sirena,
Tu mirada fija se aseguró de lo que iba hacer...

Nos amamos,
Luchaste tanto,
En tu tantra de amor, no encontré tu alma,
Deambula por un Universo poco usual,
Tu viaje sellará lo inesperado,
Tu chispa apagada espera ser prendida,
Tu regreso será mágico,
Espero echarle agua a mi rosa en mi jardín.

# TU FURIA ENLOQUECE MI PIEL

Amor de gigante,
Ágil como ola suave,
Canción antigua,
Besos apasionados,
Tortura de seda,
Amor soñado,
Aroma de rosa,
Cuerpo dulce como la miel.

Entre las sombras te veo,
Lívido escondido,
Danza de diosa, contigo quiero bailar,
Una cita para dos,
Murmullo de amor,
Enloquece mi panteón.

# TE SUEÑO ETERNA

Rosa que no se marchita en un meteorito,
Raíz profunda como amapola,
Amor de pupilas adormecidas,
Te sueño eterna.

Pantorrillas de caramelo,
lunar exótico,
isla al revés.
Leo, derrochadora de fuego a quemar,
A puntas a matar.

# MI MUSA

Mi musa se fue,
Esporádicamente viene y se va,
Te pido que te quedes,
Ya no andaré en las nubes,
Soñare contigo al tenerte en mi cama,
Me dedicaré a envejecer contigo,
Te ataré a mi cintura con hilos de algodón,
Caminaremos juntos como dos locos de amor.

Te llevaré en el timón de mi bicicleta,
Te llevaré desayuno a la cama,
Mil besos por día,
Te afeitaré las axilas,
Mil versos de amor,
Pintaré una rosa,
Ataré mi alma a la tuya.

Ven musa de mi vida,
porque sin ti ya no me inspiro.
Haré un pacto contigo,
sabrá el mundo que en ti quiero morar.
Ve, explota el recuerdo del ayer,
díctame una alabanza de amor.

# GAVIOTA BLANCA

Como agua que acaricia tus alas,
Sin interrumpir tu vuelo,
Como el horizonte continuo,
Como un amanecer inverso,
Como sonrisa suave que anuncia otra mañana,
En la orilla de tu belleza quiero andar,
Subirás al cielo cuando toque tu pelo.

Amarraré el planeta que elijas,
Lo esculpiré a tu antojo,
Lo sembraré de rosas,
El arpa afinará las cuerdas de tu corazón,
El amor se rendirá en tu cama,
Gaviota blanca contigo quiero volar.

# ENCONTRÉ MI TESORO DE AZÚCAR

Encontré en ti lo más dulce,
La canción de amor mal pronunciada de un niño,
El antídoto contra a mis malos ratos sexuales,
La sonrisa del arpa,
El perdonar de prisa,
Detalles sinceros.

Encontré un amor verdadero,
Tu pasión arrebató mi corazón,
Tus elementos de tablas periódicas, se equivocaron,
Un duende me habló de tus maravillas,
Estacionaré mi corazón en el tuyo,
Volar sin alas contigo es hermoso
Endúlsame tesoro de azúcar.

# TATUAJE

Llevo tu tatuaje invisible,
Estampado en mi piel,
Quiero tatuar nuestras fotos a color,
Hacerte reina,
Pegar en mí ese amor,
Presentarte como mi anhelo,
Soy rehén de un laberinto de mapas con encuentros.

Sudas miel cuando te arrebatas,
Conquistar tu lunar al desnudo quiero,
La flores ya cantan nuestra canción de amor.

Eres firme como el infinito,
Color violeta para adornar mi azul cielo,
El pasado nos mandó al presente para amarnos,
El tatuaje que elijas, vestirá mi piel,
Tatuar nuestro amor, no es tapar el Sol...

# NOCHE SOLITARIA

Como lobo en luna llena,
Llamé tu nombre desde el alma,
Te extrañe al bailar un tango,
Tu oxígeno me hizo falta,
Sentí una mordida sin querer,
Escuché un "te extraño."

Noche larga que ahoga mi calma,
La noche menciona tanto tu nombre,
Noche sin tu piel,
Noche sin tu amor,
Noche que me condena.

Eres el fuego,
luz de mi ser,
Un ser solitario en recuerdos de estrellas fugaces.
Me despertó tu olor en sueño.
Noche, termina tu jornada,
quiero abrir la puerta a la rosa de mi jardin.

# UN ÁNGEL TOCÓ MI PUERTA

Inoportunamente se acercó a mí,
Con ojos grandes,
Estatura perfecta,
Esbelta como deseo,
Piel de marfil,
Brillo de oro.

Disimulaba su belleza,
Aura de piedra preciosa,
Su hablar suave, acariciaba mi mundo,
Modales de letras,
Sinceridad profunda.

Mordió mis labios con su mirada,
Me reveló un secreto,
Dijo que me amaba, sin peros,
Cambió mi vida,
Arrebató mi corazón sin tocarlo,
Mi ombligo se perdió en ella.

Su magia marcó lo que nunca fue,
Escucho su voz en los atardeceres y en el alba,
Respiro su fragancia noctunar,
Con un violín ataré su presencia,
Con una rosa le diré cuanto la quiero.

# GANAS

Sin conocerte, ya te extraño,
Tu perfume es delirio,
No he ido a tu tierra por ti,
El beso que me tiraste, pintó mi piel,
Quiero que llueva fértil...

Cuando salga la luna,
El crescendo estallará en los dos,
Tu belleza y ternura, me robó el tiempo,
Lo haremos en un mar de uvas,
Con espuma de agua de lluvia,
Con la ceniza de carbón,
Exprimirá mi color de oliva,
Yo, romperé un pelo de amor.

Nos dibujaremos los rostros el uno al otro,
Las ganas esperan a una loba,
Espero un momento sin fin.

# EXTRAÑOS

Nos extrañamos tanto,
Miel de amor profundo,
Me dijiste adiós equivocadamente,
Un hasta luego, hubiera sido mejor.

Queremos finguir un beso, imposible...
Como almas buenas nos reencontramos,
Como mundo sin Dios, evolucionamos,
Nuestro corazones laten en lazados,
Extraños rehenes,
Compartimos un final feliz.

# VERTE

Se alteraron las venas,
nuestros poros despidieron libidos,
los ojos escribieron un querer sincero.
La tentación se escondió por tí,
la antiguedad habló de ti.

La electricidad estática afirmó el amor,
Las diferencias hicieron la paz,
Los pies se tocaron sin querer,
El corazón decía, "ámensen con locura,"
Nos robamos unos besos,
El celebro mandó una cita telepática...

Al verte,
Se consumió una debilidad antigua,
En ti no sé qué pasó...
El pluscuamperfecto se convirtió en presente,
Ahora nadas río arriba,
Quiero regalarte la sombra del árbol amado.

# NINFA

Hermosura eterna,
Peso pluma,
Valor oro,
Metamorfosis intacta,
Naciste con el alma hecha,
Eres noble sin control.

Te quiero cuidar,
En cambios biológicos,
En tu libido bajo o sin él;
Tu espíritu vive en mí,
Tus te amo, tus te quiero,
Tu sonrisa a carcajadas,
Tus labios rozan mi piel en tu ausencia.

Tus recuerdos de ayer,
Me inundan el alma,
Como caballito de mar,
Mi extraviada mita,
En una cama de rosas,
Enlazar así nuestra eternidad.

# SI NO HAY UN BESO

Entre hojas secas,
Nubes que intentan mojar ilusiones,
La canela perdió su aroma,
La sinceridad se vistió de blanco,
La guerra mató una flor.

Vuelas alto,
Pregunté a un adivino sin sentido,
El camino perdió su magia,
Las olas se retiraron sin volver,
La cicatriz reforzó el amor,
Si no hay un beso, no soy yo.

# DEVORAR

Exprimí mi sangre,
Mis palabras malas,
Saqué el veneno de mi cuerpo,
Construí un panteón para dos.

Le entregué mi vida y pecho,
Le di mis te amos para la eternidad,
El amor más puro,
En plena primavera lo rechazó,
El ángel que tocó mi puerta, se fue,
La rosa hermosa,
Hoy devoras mi mundo sin compasión.

# UNA FLOR RETOÑA

Ví una flor retoñar a mi lado,
Calmar su sed,
Recibir amor,
Ser trasladarla de un lado a otro,
Confiar en mí,
Comer conmigo,
Respirar conmigo.

Ella, me dio oxígeno,
Me dio vida...

La marchité,
la vi marchar,
La vi llorar,
Acabé con su esperanza.

Arrepentido estoy,
Vivir a tu lado es mi ilusión,
Andar y retoñar contigo es mi afán,
Quiero que seas mía otra vez.

# MI RAZÓN DE SER

Soy Pablo Neruda,
soy Frida,
soy Márquez por el delirio de ella.

Cuando la musa se postra a tus pies,
Cuando no hay precipicios,
Cuando la muerte cesa por tus besos,
Cuando me muerdes con sabor a alma,
Cuando desatas lo que no sabía,
Cuando lloras de emoción,
Cuando comienza mi risa.

Te paseas en jinete blanco,
desnudas,
Aseguras que te faltan kilos,
Yo insisto en que te faltan besos y caricias,
Eres un sueño de otro siglo,
Me da confianza que seas mi razón de ser.

# DELIRIO EN EL PRONOBRE ELLA

Me laten tus venas en mi pecho,
Me tocan tus labios de masa suave,
Tu silueta me atrapó como canción de mar,
El preludio de tu sinfonía me enloquese,
Tu mirada tierna quema mis pupilas,
Tu voz suave derrite mis huesos.

Cuando gesta una réplica de los dos,
Me seduces con voz de paloma,
Me quemas sin tocarme,
Mi delirio será amarte,
El pronombre ella, es mi felicidad.

# CUANDO LOS FANTASMAS INDICEN EN LA CREATIVIDAD

Los fantasmas del Caribe residen en mentes escasas,
Especialmente el fantasma de Blake.

El Caribe es una fusión de voces de un grano de arena,
Voces con matiz con sal,
Tabú con incertidumbres,
El baño caribeño es extenso,
Se esconde en fosas muy remotas,
A algunos los han poseídos las Ninfas,
Rumores,
A otros, la creatividad y la tranquilad de la vida.

Llegó a la costa de Caracatá, Magdalena,
Allí, explotó notoriamente con tinta indeleble,
No como un espécimen desechado,
No terminó en plásticos no fértiles o cloacas.

Donde los dioses se dieron cita,
Un experimento cordial,
El Universo sembró una madre flor que estalló en luces multicolores,
Una mezcla de un tal Sancho, Chaplin y ADN indigena,
Hoy, ya no sé quién soy,
Soy tú, ustedes y ellos.

Melancolía del pasado que evolucionó,
Todo se quedó en rumores,
Pero alteró el qué dirán de los demás.

# EN MI DEBILIDAD

Confeso amarte como nadie más,
Como una señal de PARE en el camino,
Como saldrá el Sol en la mañana,
Como llama candente,
Como mi paraíso en la tierra.

Gota fría que cristaliza mi piel, así eres,
Como resistencia a un planeta nuevo,
En una nota alta te regalaré un staccato,
En el tantra antiguo de tu imaginación,
Al ver tus venas expresar un 'te amo,'
Cuando hago alusión a tu nombre.

Cuando piensas en mí,
Cuando mi oído me dice tu secreto,
Tus poros de frambuesa...
Cuando te veo en la calle en forma de flor.

# EN TU RECÁMARA

Tus celos asfixiaron mi amor,
Tus dudas encerraron mi entorno,
Se fueron mis coordenadas contigo,
Un viaje sin regreso.

Una eternidad esperada,
Tu amor se detuvo en mi signo zodiacal,
El tiempo aplaudió la diferencia,
Dos seres con almas antiguas.

La saga inconclusa,
En tu recámara te pedí que seamos felices.

# ERES

Ternura que acaricia mi cuello,
Palabras que llevo entre mis dedos,
Rocío en piel caliente,
Un final con suspenso.

Ola de mar que me arrastra,
La gravedad inmensa,
Eres más allá del infinito.

Como labios que me mojan de amor,
Ojo de telescopio al verme,
El final de mi incertidumbre,
Eres el punto de sal preciso.

El vasto mar espumoso,
La goma de mascar que explota en mi boca,
El vuelo sin aspas,
La sinfonía que calma mi alma,
Eres, el dirigible que me lleva al cielo.

# ENCONTRÉ EN TÍ

La felicidad en Pi,
Vestida en sedas sexy,
En rojo pasión,
En una loca cuerda,
En una sinceridad sublime.

Encontré en ti un ADN extra...
Un alma de enigmas zodiacales,
Ahora mi felicidad depende de ti,
Dos almas viejas de retorno al amor.

# TE ALEJAS

De dedos aliados,
Como niños al caminar,
Como noche estrellada,
Como eco de caracol,
Somos dos; punto.

No somos atardecer triste,
Ni flor marchitada,
Somos parte de un todo,
Somos el Sol de la mañana,
El rocío que hace brillar tu pelo.

Resiste...

Ya retoñan las plumas,
Ya se derrite el alba,
Como canción de ruiseñor,
Volveremos a ser puros,
Origen y propósito,
Fijas tu mirada en la mía,
Somos agridulces en una sequía.

No extraños...

# RE-HISTORIA

Te auto-nombras...
Rompes la periférica,
Injectas veneno de escorpión,
Divides en fragmentos,
Centro?

El mar a punta al blanco,
Fuegos artificiales,
Tanques civiles,
El centro se desborona,
El doce al revés.

La ingenuidad encontró la clave,
las venas encontraron su final,
Son, cenizas de antojos...

# CONQUISTA

Migajas de pan,
Sumas hambre,
Te multiplicas como alacrán,
Sediento por felicidad,
Efímero todo lo que tocas.

No hay hoz en ti,
Ruges mitología antigua,
Mirada corta,
Adelgaza tu lengua,
Esconde tus...

Yo, sentado en un triángulo,
Observo la meta,
Conquista de acero y sangre.

# TE PIDO EN SILENCIO

Como lenguaje infantil,
blando a mi oído,
viento suave al acariciar mi pelo,
como oración prudente entre dos,

Como pensamiento dulce,
Como luz que atraviesa tinieblas,
Como arena suave a mis pies,
Como almohada a mis sueños,
Te pido,
Que al pasar el tiempo, te quedes conmigo.

# EXISTIMOS

Como almas gemelas,
Como diamantes sin pulir,
Como lágrimas perdidas en barro,
Como circunferencia encontrada,
Como un vuelo inédito,
Como agua que sabe a labios.

Sé que existimos,
Por la fuerza que hala mi ombligo,
Por el olor de tu pelo,
Por el cruce de tus ojos al pasar,
Por el ruido suave de tu silueta.

Nos dormimos en un crepúsculo de mariposas,
Derretidas como seda,
Llegas como el alba,
Solemne amor.

# MUSA

Llegas sin decir nada,
Te anidas en mis hombros,
Me enloqueces de amor,
Electrificas mis manos,
Adrenalina superior,
Espasmo de nervios,
Visión a ciegas.

Voces altas y bajas,
Tramas por doquier,
Telarañas invisibles que intento decifrar,
Me tiñes el alma.

Huellas ilusas que escapan de mi destino,
Me das una hoja en blanco,
No preguntas si tengo sed,
Me acostumbré a no decir no,
Musa de sabor a miel,
Prisionero de tus encantos soy.

# TU DELICADEZA

Me derrite el alma,
Me haces flotar,
Tus besos enredan mi mente,
Tus curvas me anotan un gol,
Tu delicadeza no me canso de admirar,
Tu pelo baila un tango.

Me desarma como locomotora fundida,
De mis poros brota nieve al pasar,
Tu enojo enamora mi prisa,
Tu caminar habla otro lenguaje,
Me manipulas sin querer,
Tus dedos de arpas, erizan mi piel.

Se escurrió tu belleza por el cedazo,
Tu altura acostumbró mis mañas,
Tu delicadeza aprieta mi...
Te escondiste en mi corazón.

# TU PROCEDENCIA

Tarde tan gris como oscura,
Me perdí entre el oxígeno y tu ternura,
Me asfixió tu mirada,
Perdí mi cordura.

Te impregnó el rocío de la madruga,
Polen que ya destila miel,
Llegaste a mí como gota de lluvia dulce,
Saliste del amanecer a darme un beso,
Te vistió un ángel.

Tu caminar de alfombra roja, denunció tu procedencia,
Me enredé en tu piel como bejuco indio,
Contigo aprendí a amar.

# ESCRIBA

Sutil pluma,
Ilusionista perfecto,
Colaborador del bien y el mal,
Camino del solitario,
Indecente de la pulcritud;
Envidia de pocos,
Gigante de todos.

Predicas prosperidad,
Días oscuros,
Liberas y atormentas a almas con tacto,
Caminos anchos para la multitud,
Tinta indeleble que encierra juicio.

Difundes amor, gloria y paz,
Cambios,
Códigos,
Papiros,
Babel de ficción,
Esclavo romano.

Cómplice de hazañas eternas,
Aspirante de sueños sin retoñar,
Animal de laguna tibia,
Te escondes como sospechoso,
Entre el ataúd y la muerte.

# REVOLUCIÓN ABSURDA

Revolución apunte de lápiz,
De triángulo marcado en línea recta,
De mapas sin fin,
Masa densa que espera,
Colectividad sin ti...

Fuego de dragón místico,
Mar de bestias,
Espuma flotante,
Oscura tiniebla, rayo de luz,
Alba y crepúsculo,
Evolución y revolución se traicionan.

Esperanza muerta,
Años fugaces,
Sueños pasmados,
Enredados en acero,
Ya no creo en lo absurdo,
Sólo, en una nota en blanco...

# ILUSA DEMOCRACIA

Ilusión que aprieta,
Ráfagas que apuntan ser deseos,
Esclavitud perpetua,
Estropajo de todos, excepción de pocos,
Un grito a voz de mar.

Minúsculo celoso de su manjar,
Lingote infinito,
Rodeado de cañones que apuntan a matar,
Carnaval de disfraces...
No acatamiento,
Psicópatas en sillas de ruedas.

Cuervos,
Vino de sangre,
Cambio de papel y letra,
Antojo de estrellas,
Reino en la tierra.

Contradicciones?
Altoparlante de mi interés,
Sin sentido,
Te mueres sin probar,
Muerto confuso.

La Democracia viste corbata,
Presionada por las masas,
Fue ahorcada en la cúspide
Por su bello vagar.

# QUISQUEYA MI PEDACITO DE TIERRA

A veces huelo tu dulce de caña,
Pedacito de oro,
Mis piesitos te tocaron con ternura,
Rinconcito de la faz de la tierra,
Tu me viste nacer,
No te niego,
Solo quiero que seas Quisqueya.

Mi Quisqueya de verduras,
Mi Quisqueya de abuela sabia,
De aire puro,
De playas que se visten de blanco y azul,
De sueños derretidos en ámbar.

Hombres cavernícolas olvidados,
Quisqueya, tu no...
Te pienso en mis lágrimas,
Masacrada, violada y robada tierra,
Invasores en castillo.

De Quisqueya, si soy,
Soy hijo del mineral,
De la resina que brota del caucho,
Del resplandor que despiden tus caminos,
De tu matrimonio eterno con el Sol,
De tu crepúsculo hasta el amanecer.

Me llaman tus arroyos,
Tus ríos y gente sencillas,
El deseo de verte bien y sin...

Te pido, repulsa a todos los que intentan...
Fuí comida de mar...
Quisqueyanos no te dejan ser,
Sueño con gigantes tortugas encintas.

# HEGEMÓN DE ESTRELLAS

Subasta sin saber.
hgo democratizado,
Hegemón de quintuples,
Alma esclava.
Símbolo que se esconde al pasar...

Capricho que destruye,
protección de serpientes,
meteorito que apunta a tu suerte.
Pides funeral sin rosas que lastimen,
Control de oxígeno es tu final.

Teatro invisible,
ya no te conoces!
Cimarrón a tu niñez...

# DEMO-

Sueña,
Vestida de luto,
Descansa en el panteón,
Dos mil años bajo aceite de oliva,
Tus restos hoy quieren retoñar.

¡Si Tú me das más vida!
Me fui con inocencia,
Ser puro,
Lograr el hallazgo,
Retornar a la tinta y la pluma,
A la pradera verde.

# English
POEMS

# MYSTICAL RED HAIR

I am a daredevil.
Your red hair reminds me of forgotten things,
of things becoming,
red autumn.

Your foliage enflames;
my fingers make me want to touch all of it,
a desired cult of meteorites, incandescent.
I am here like a magician,
awaiting your fire to burn me alive.

As a daredevil,
I have always been an outcast, compared to the odds,
longing for your red flames to burn my fingers.

Come, burn my house of straw,
consume my essence.
My eyes can't see you anymore,
wrap me up under your ruby,
Oh, red beauty.
Take me away from the dangers of the innocents...

It is my destiny to be killed by you or the innocents.

# MEMORY'S FLIRTATION

Met you at five,
Dreams of flowers want to be
I couldn't hold you
Fast running allies
Fugitive steps
Condemned by reality
Impossible wet dreams.

Too late,
Both addicted to each other, Escape route
Play
Tall tree
Role play
Find me if you can?

Cabinet of dreams,
I am a fetish hunter for you.
Almost four decades,
I smell the baby oil on you.

Pink chaussettes, were are you?
Perfume of night,
Unfinished chapter,
Drug me like past time
Lips of honey, I want to try.

# THE BLUE WHALE GIRL

Blue all over me,
Sea, sky emerging,
Like faded blue jeans,
Blue laser ray cuts my veins,
I am gasping for air,
I am glued to your sight, can't see anymore,
Biology, seashells changing.

Blue beauty again,
You control my terrain,
Female, captain, captive....
Seasick beauty ship...
I hear not,
Your music whispers in my ears.

A blue whale's water shoots up, I come to catch,
With a blue whale's fins, I want to dance,
Still boat, lighthouse waiting for when the noon is down.
I am drowning in fear,
Can I catch a ride?
If I fly high, would you catch me while I land,
Can you take me to a safe shore?

My pulse still rising,
Weld my wound with your beauty,
Did I see your pupil agitate?

# COSMIC ORDER

I floated up the Nile
In a yellow water lily.
"Sorrows," cried the river!
Blue grass freshened my face.
Night clear-cut, faraway a supernova went by,
Glimpsed better days, it had seen.

I saw a man in a boat:
I looked again, and he was gone
I saw a blue scarab landing on the stern of his boat:
No aliens, just death alone,
Wheatgrass ceased feeding the multitude
Gold, making of an empire.

The language of birds, chronicled the future as
Wind carried me ashore.
The dirt was the storyteller of the plus-que-parfait.
And dew felt like snow on the ground
Zeitgeist guided me into the unknown
It was remote in the distance.
It was the Cosmic order dismantled
It was a She instead of a He.
It was the end of lies.

# BREAKFAST AT NICE MATIN

Bon appétit !
I'd love eating with you,
I'll pick up the crumbs, if you let me sit,
Don't label me rude yet,
I won't interrupt your naked words,
May I indulge in what I see;
Engage me in a thousand fallacies,
I'll be no bird in a scoop,
Your smile is like a Parisian café.

I dream of a lagoon of kisses
Your pinky bite
Sprinkles of sizzling chocolate
A dragonfly waving through a thread of your hair,
A day without a conclusion
Marshmallow on your nose
A honeybee meddling in this affair.

Acting, performing,
A theater without a script,
Statue wannabe.
Crushed kisses against the crumbs
Lips a-crush against my cheeks
A suicide of a scene
Too much just for a bonjour
I leave this one for you.

# DARKEN MY SOUL

Blind eagle
agony
no lies
chili peppers --
no, jalapeños!
Image of you?
Broken
I lost it all

blood scorching
sun burning
suicides by the thousands
dream of fire
just ashes remain
awaiting, ascending
needles, clocks in triangles
atoms returning

the pendulum stopped
no heartbeats just
darkened nails turned into mirrors
I see you in this
zero hour.
The podium took hold:
a flight of grey goose:
you darken my soul.

# PATCH ME UP LIKE A SCARECROW

Broken glass,
Bridge without reaching,
Birds without formation,
Dry,
Pen without ink,
Skeleton number 233.

Seeds of strange creatures,
Void:
No souls.
Walking asleep,
Generating trauma,
Dropping crude thoughts on me.

My soul walks the Earth without anticipation.
Vultures eat my bones.
Crumbs snow their way down from heaven, if there are any....
You tell me I must drink the Molotov cocktail,
I am falling apart!

Being of light,
Heaven is where you are, hell as well...
Ultimately, the Buddhist in me laughs,
Fears of scarecrow that is where I don't want to be.
Je me souvien de toi...

# A HYBRID BOMBSHELL

I am bulletproof.
I survived toxic rain.
I am a miracle, unnoticed.
Out of millions, I took the lead.
I did not end up down the drain,
Not in a plastic bag.

I have many names to choose.
But I have Chosen to be a goddess:
Love me or hate me,
I will be what I want to be.
I will surprise you!
Staccato, I will blast out of a symphony.
I will soothe you, at a time to be.

No need of approval, I've been blessed already
I don't come empty handed, my gift is within me:
I am blue, gold, brown mud and a black pearl
Paint me however,
I have my Maker's DNA.
I blossomed like a flower, at the right time.
I will enter your psyche without your permission,
Because I survived nuclear warheads
I will be your pain, your sweetness.
When your eyes close, I will comfort.
I became the unimaginable, your hybrid bombshell.
But the best thing you will ever have.

# THE DOPPELGÄNGER OF ME

Delirium of grandeur induced the opaque,
Covets it all,
Winners or losers,
Cult to the visible,
Uncertainty, a gain.

Words, beauty-dressed.
Fake kisses, gestures and smiles,
Sincere lies,
Pews painted red.
Torpedoes hidden in ports of entryway.

Brake away from the center,
Treat or trick for my desires,
Dire opportunity for you,
Faceless lilies,
Replies unheard,
To sell what was yours was a pleasure,
Stealing and war, an old encounter.

Karma suffering of a third person,
Bloodline related,
Broken car's windows,
Drug addicts,
Suicide with a soft string,
Unwanted babies' notices.

Gamble with six hundred voltage's eels,
Autobahn with restrictions.

I, the Doppelgänger of you,
Always vigilant, always there,
I recorded what was to come,
Ink, at due time.

# MIRRORS

A thousand stories,
Butterflies to birth...,
Flowers to be given,
Stares without motions.

A gorilla's mask that awaits to be discovered,
Ink to rewrite the future,
A force taking shape,
Fears to be overcome by machines,
Not by me, not by you.

You see me, I see you,
Eyes of owls,
I only hear a distance whistle,
Suddenly, a foggy morning kill your instinct.

A gorilla's mask that awaits to be discovered, Ink to rewrite the future,
A force taking shape,
Fears to be overcome by machines,
Not by me, not by you.
You see me, I see you,
Eyes of owls,
I only hear a distance whistle,
Suddenly, a foggy morning kill your instinct.

# SPECTATOR

You fight with your eyes
You fight to tell the story
To pass down unwritten History
You fight quietly, without force

Men stomp the ground, but they fall
You construct what they leave behind
Crows tell me of your dead
Piled up like their eggs
Few survivors
Cracked minds
Shadowy winters

Love for yourself, love for two, love for all
Old magician of the Universe
Bring back what was yours
Stolen from generations
Goddess of all
Woman

# NO ONE KNEW

When you picked me up,
Golden skin,
Beauty, wings-spread,
You took me to places of emerald violins,
Regrets squandered.

Woodpecker paper,
Typewriter songs,
Resurfaced Alexandria in the land of Brooklyn,
Pompei's mosaic,
I stepped on Pharaoh's toes.

Encounters with the demi-gods:
I Ching,
Book of the Dead,
Bible,
Sanskrit,
Vetruvian,
Saussure,
Kabutomushi,
Das Kapital, Metamorphosis out of fear,
Worm in book.

No one knew,
Love of my youth,
We stroll tonight,
Sphinx, *Brooklyn Central Public Library,*
I miss your black and white letters.

# THE TUNNEL

Light to dark,
I go on through this journey,
Bribery to become a hero, marching to a dead-end.
Voices leaping, many eyes wide open...
Excrement bursting baby Bach's Dung beetles.

I see high mountains,
Flat terrain, low level sea,
Levers holding high tide,
Dropped off from the sky,
Didn't I know what species of food to eat?
Nuts noire, food of of the gods.

I peeked out...
I saw Neruda waving good bye,
Long standing questionnaire.
Did your ex-lover live in a miner's town?
Silence, don't tell!
Long arms...
A left jack knocked me out.

Bending silence, agony of hope and pain,
Dry throat,
Light flickering, dim light,
I flew by like a flock of birds, no any longer...
Awakening giant.
I woke up at Stop sign for Athens Boulevard.

# BEE

Sting me sweet.
Cure my cancer with your pain.
No flowers unfold for lovers,
Beauty ceasing,
Palates turning purple.

When death marches down,
When Mr. Reaper wants to take me away,
Sting them.
Remind them, sweetheart lifespan!

Bee, beat me to flying,
DNA of me, DNA of you,
Golden being, angled wings,
You paint life unalike colors.

Fresh and ancient faces,
Sunflowers' goodbye,
Save Mother Earth, and stay with me!
Bless me with your honeycomb.
I will announce it all to Earth's residents,
Like a torched horn at some old Olympic games,
Athenian.

# BUNDA'S ARK

Smashing steel against a stone,
Half a drop of ink,
Fine and diluted borders
Art knows no boundaries.

Through fingers, blood and veins,
Meteorites, stones, brush and chisel,
Lilies, bodies, structures...illusions of reality,
The impossible upside down:
Behold beauty smashed into Bunda's brain.
Light, precision and speed,
Late nuit,
Picking up the fragmented pieces from the Universe.

Would you give it all
For you and me,
For the Divine,
Selfishness without regret,
Giants rising,
A master underneath your feet?

# HUMANITY

Chessboard,
Gunpowder's game,
Homelessness is a ghost,
No refugee in a crab's cave,
bird's nest--
There, I want to be.

Billions,
Trillions,
Thirst,
Water,

I am sailing,
A fish hook,
Green blood,
Blue blood,
Red cell for the same prize.

Conscience arising,
Shoot at the third eye,
Red wine and eagles,
Fleas marinated with vinaigrette.

# IF I CLING TO YOU

For air,
for love,
dreams we wished,
for light that shines through stained glass,
for faceless voices that won't return,
for the reverence of grasshoppers,
for our third love,
for that mosaic reflected into us.

If I cling to the missing pages,
for dropped tears,
for Erato,
for the division on Earth…
for a piece of dirt,
for intervention in man's madness,

I cling for the invisible in me,
for the meeting and greeting of a homeless,
for the sorrow of a lost elephant,
for the extended journey,
for the soldier who delivered the letter.

# IF I WERE YOU...

Get away from your fears,
we travel the depths,
fly me high on the sky,
we conquer a near star.
Recommend to me a lover,
I will always choose you.

Write me a letter,
We will plunge into the sea.
Indulge me in your secret laughters,
Rob me of the entrance key,
Listen to the whisper of a by-gone,
I will wait like an ancient tree.

Wink to me a good-bye.

# THE INK I FOLLOW

Letters,
laws,
hieroglyphics,
the scripture,
What gave shape to oxygen?
Not numbers,
the lyrics of a chant.

The ink that follows the artist for love
despicable ink,
It leaves dust,
It aches,
Order,
For many, a heaven.

Torment me not,
I wish another way...
You and I will communicate telepathically,
I will not touch you,

With a stroke you paint a city.
You drew the first heart.
You marked the road that let to you...
Manuscript of sweet lies,
You wrote the bonds you and I follow.

# BOHEMIAN TRAVELER

I sat at rest stop,
with two glasses of wine,
next to a bohemian Paris bar in Paris.
Gazing at a Rembrandt's painting,
the wing blew past-time stories,
Leaves fell with memories.

Giants expressed their desires,
Cohesiveness whispered to Cancer, a 'I don't know!'
Satchmo played that funky Saxophone until everyone dropped,
the broom danced all night.

An eclectic shouted, "One man against the world!"
Diversity smelled sweet,
Lights caused a blackout,
I gazed at the horizon, but I couldn't see...
a lizard gasped for air.

Oxygen dropped in like hail,
The Moulin rouge was smoking on Broadway,
I made a left turn,
I walked in naked, only with
a bohemian traveler's mask.

# JUSTICE

The Earth weeps for the fresh;
the Earth weeps for the young.
Candles melted into a silhouette.
Crime became a hermaphrodite.
Darkness tamed you.
Poetry hanged itself on the street.

Gold smeared your skirt.
A male rode a horse backward.
Liberty blew a freezing wind.
Guards were ugly.
The gatekeepers said goodbye.

Confession took the truth by surprise.
Water sprang out of a pebble on another planet.
Volcanoes sucked in the deceivers.
Normalcy was a fugitive.
But you and I never said goodbye.

# TO DIE

What is the equation?
It makes no sense,
Agony, pain, suffering...
For what?
For hunger,
for eternity's sake.

To die...
to lie in silence,
to be immortal,
to be announced by the wind,
for the whims of a funeral home,
I shall not succumb to your fear.

To live, to gossip
not to quote Prudence and Pleasure,
no Plato's apology,
no heresy,
within a black hole,
with science's discovery?
"therefore I am."

# WHAT STORY I CAN TELL?

It depends,
where I am,
what I want,
on which side of the dial...
if I am an object,
if the ring of Saturn protects me.

I may favor love,
if I find an elephant in Pluto's orbit,
if water can soothe my skin,
is there hot water tonight?

If a mermaid sings me a song,
together, we may water down a little...
like in ancient times,
it is a architect's castle.

I wish not to lie,
if the Sun shines on me,
Proof me wrong,
Stroll with me through the Hanging Gardens of Babylon,
We will eat soft cotton,
this will be a secret,
I only tell you to be with you...

# I FABRICATE

Buttons,
pins and zippers,
beds with long dreams,
beauty, lies, ugliness...
I am what I am want to be.

I, we create repeated memories,
I manufacture beliefs, over and over...
I sell remedies for the souls,
You are an ion's fool
blind eye to your shrieks,
No daredevils,
Eye for an eye.

You cannot see through me,
I am an illusionist.
I melt cannons.
I am your onion ring!
I transmute laughter to weep,
I fabricate the bottom pit,
I am last circle of hell.

# REDAEL

Paperclips of the gods,
For Sale signs,
gold and comfort sits together...
Marionettes without saying...
Robots without movement...
Mouthpieces of a butler everywhere,
a theater with its own believers...

I peeked through your Moulin Rouge
eyes of diamonds,
undiscovered labyrinth,
mirror's reflections of lost souls,
violent center,
medieval's mercenary.

Kelvin's degree your atmosphere,
your secrets are burning,
gods of fear,
bubbles, balloons and illusions forged inword...
your rings...
No mercy, just your fine line.

# VICE

I feast and feast on,
a banquet of your sweat,
radar with nautical knots,
livestock,
I am your affair.
You are my thing to do.

I am your dark matter,
nature,
I guide the lighthouse,
you are still in the making,
I feed on the live corpse,
I command humans without words.

We are blunt.
We cloud your judgement.
Lateness comes at night, if all
We blitzkrieg because we can.
Listeners, we own the truth.

Ignorance is bliss
We mirror each other,
Crown me a jewel!
Eternal, we want to be;
I am the Sphinx's driver.

# ENIGMA OF MY SENSES

I find you in a hidden garden,
a labyrinth of dreams,
My pupils are frozen
I don't want to touch you.
I smell your ancient secrets.
I heard of you so much.
I thought I'd die without finding you.

Your possessor walked away.
I am a thief for your love,
In my youth, I skimmed many pages.
I sought you all over
No replica of papyrus,
A giant with seven heads could had kept you.

Your skin is so delicate,
I want to embrace you:
unexplained curiosity,
the missing link,
I am your next prisoner,
my cherished book.

# MY CONFINEMENT

I see the multitude,
I hear the voices:
they are strong,
no fears,
Their cause is just,
Nothing I can do…

I can't participate,
only an spectator,
some troubling reminiscence,
there's a movement in my heart,
weaving passive voice.

The protesters heat up my brain
too much slow motion in me,
I desire to cling to some…
inactivity is a curse,

I should have last word,
I want to shout out…
time stop for no man,
I hide on the Red Cross's corner,
at a bystander's confinement.

# NEO-SAVANT

Neo-movie's reel?
Flashback, it's a wild desert, neo-lies,
Hubble telescope target,
meticulous clock's movement.

Earth's geography at my finger's edges,
eminent domain.
I travel at high speed, back to the Stone Age.
I create lagoons, diamonds will buy me a bush.

Puzzle together fractured roads,
A photo that took you back.
I am in your calendar-
Am I neo-magician?
I smoke a Cuban's cigar.

# SILENT PUS

My soul awaits,
centipede of silence:
It burns my skin,
I feel your thunder,
My bellybutton obliged by...
no nwisted mind,
Nano stranger.

Flesh denied,
broken passage,
infected waters,
residue of a child
a cleaner slate.

Vesuvius's pus,
eruption,
it eats me away:
Death is a guest.

Nightmare of the gods,
dragon's fire awaits your cravings,
reverse osmosis,
silence sentenced to the future.

# AT THE BAR

Rhetoric in abundance-
temporary euphoria.
Coffins of vampires and vultures emptied out the bar.
Transfer of diamonds for
talks of doings and actions,
Hindsight for the blind.
Flies are still-
they will drink your wine.
I won't pass out.

Mystic doesn't let me see.
Magicians at performance,
a clown dressed in brown,
using words in a lost archive.
My British glory, I won't tell.

# VESSEL OF THE CHOSEN

I speak a version of a language,
amplified speakers just for me,
We own each other,
alteration of reality,
swollen eyes, so you can't see,
the present to be...

I navigate high tides and low sea,
to dream is vandalism of the verb to be...
If you find the key,
If I am ever in danger...
the Earth come to me.

Resurgence of the all mighty beast
if you missed a chance,
Chandeliers drop like freaks,
Behind your steps,
I will be at peace:
It is the revolt of you and me.

# BINARY

You made us,
goldmine,
narrowed plurality,
highest Fahrenheit degree,
in the land of the free.

Labyrinth's doors,
old Chinese gunpowder
the Sun is my protector,
in tune with many rivers,
I talked to empty trees,
No meet and greet.

Symposium of minds,
acoustic symphony,
Let's see at the Mason-Dixon Line,
You don't see me on the streets,
E pluribus unum,
Would you fight for one of two?
We celebrate for you.

# FEMALE DON QUIXOTE

We found each other among words,
collectively intact like a stone,
like a garden with hundreds of flowers,
her perfume draws forth a honeycomb,
her mind, brilliant,
We traveled through the sunlight,
to the other side, awaited us.

So young in spirit,
ink and paper speaks of you as a goddess,
wise, yet ascertaining of what is there to masticate,
wonder of a lost world,
you don't chant to golden statues:
lasting equilibrium of things to come.

Truth is an incumbent,
your words tame lions,
holy in better forms,
a believer of an universal deity,
sister of a lost child,
I would not found myself without you,
You create beauty.

# THE SCRIPT...

We must follow...
Hidden: We, Us and You,
We must wait at your doorstep,
vast illusion,
puppeteer's smoke.

script's madness,
above and below, in between is gone,
millennial struggles,
it went to sleep.

I do not know, I do not know...
the frozen ink broke apart,
you may see a shooting star
Prudence took a spaceship.

The script ignores what you do
it burns slowly to the core,
The script wipes you away.

# THROUGH FORCE

Clear the way,
Indigenous ones:
Millennium in the making,
charter, a contradiction,
it won't give up,
such evolutionary force.

I chose you,
under my realm,
the grid,
I am deaf to your shriek,
I decide when to open
a black hole.

Quartier Latin in process,
force taking shape,
inward exploration,
gold and silver for the middle way
only you believe what you say.

No plan B
It can't hold
War aiming at the center,
Hell and Heaven,
Buckle up for the ride...
Through force I was born.

# Bilingual
POEMS

# LE PETIT PARISIEN

(in English)

Replica of the eternal
Babylonian Gardens,
Three colors broadcast your beauty,
Battle among giants who sculpted your contours,
Cobblestone streets held together
with bubble gum,
lost ghosts amid
renovated vines.
You sit casting your gaze over the bay,
With your forehead pitched high.
Greeting the sweet water and the salted sea,
Steel magnates pay their bouquets to you. You remind the awestruck pedestrians
Of your Parisian origin,
And a conspiracy of destruction, never executed.
Such chocolate perfume,
Dissolving even in the mouths of those who do not like it -- And everywhere,
So much like Neuchâtel,
Life's enchantment,
Derived from night's freshness,
From fetus songs still gestating,
And defeated myths.
Buildings of Beaux Arts, Vertical arithmetic,
Mirror for the interpreter,
Ambrosial snack and siesta for the gods,
Alleys without exit or return that trap wanderers, Whistle of nightingales,

A hummingbird's sobriquet.
Honeycomb,
Knob without key,
Spellbound Park Slope,
Second cousin of the first triumphant arc, Prisoner of your spell, I am.

Translated by Maria Jacketti, Ph.D.

# LE PETIT PARISIEN

(en Español)

Replica de lo eterno,
gardin colgante,
tus tricolores hablan de tu bellesa,
batallas de gigantes que esculpiron tus contornos,
calles de piedras (de cobble stone) enlazada por gomas de mascar,
fantasmas perdidos entre lianas renovadas.

Te sientas mirando la bahía,
con frente en alta,
saludas a las olas de agua dulce como de mar,
los fuertes del aceros dan tributos a tí,
recuerdas a los transeúntes boquiabiertos de tu origen en Paris,
cospiración de destrucción, no ejecutada.

Aroma de chocolate,
se derriten en bocas sin paladar y calles por doquier,
semblante de Neuchâtel,
encanto de vino,
de noche fresca,
de canciones de niños en gestar,
derrotas de mitos.

Arquitectura de Beaux-Arts,
aritmetica vertical,
espejo al interprete,
merienda y siesta de los dioces,
callejones sin salidas que atrapan al vagar,
silbido de ruiseñor,

apodo de pica-flor.
Colmena de miel,
serradura sin llave,
enloquecedor Park Slope,
primo-hermano del Arc-de-Triomphe,
prisionero de tu echiso, ya soy.

# LE PETIT PARISIEN

(en Français)

Réplique de l'éternel
Jardins de Babylone,
Trois couleurs diffusent votre beauté,
Combattez parmi les géants qui ont sculpté vos silhouettes,
Des rues de pavés reliés entre elles
Avec du chewing-gum,
Des fantômes perdus au milieu de
vignes rénovées.

Vous vous asseyez en jetant votre regard sur la baie,
Avec le front surélevé.
Accueillez l'eau douce et la mer salée,
Les magnats de l'acier vous paient leurs bouquets.
Vous rappelez aux piétons stupéfaits
De votre origine parisienne,
Et une conspiration de destruction, jamais exécutée.

Un tel parfum chocolaté,
Se dissoudre même dans la bouche de ceux qui ne l'aiment pas --
Et partout,
Tellement comme Neuchâtel,
L'enchantement de la vie,
Dérivé de la fraîcheur de la nuit,
Des chants de fœtus encore en gestation,
Et vaincu les mythes.

Bâtiments des Beaux-Arts,
Arithmétique verticale,
Miroir pour l'interprète,
Collation Ambrosial et sieste pour les dieux,
Des ruelles sans sortie ou retour qui piègent les vagabonds,
Sifflet de rossignols,
Le sobriquet d'un oiseau-mouche.

En nid d'abeille,
Bouton sans clé,
Spellbound Park Slope,
Deuxième cousin du premier arc triomphant,
Prisonnier de votre sort, je le suis.

# I AM A MUTANT: AS I AM A PILGRIM

(in English)

Prelude to this symphony,
History rolls back,
Announcing you like evolution,
Roaring like a baby dog creating his integral self.
Existence, beliefs and dreams delivered by the dawn,
Suicide at twilight.

Mysteriously, you wed the moon and sea,
Like a wave floating out to its return.
Mythology makes you fly without wings.
You are eternal.

Caught in your sway,
The static traveler looks you smack in the eyes,
They write about you.
The don't hold you back.
Absurd myth
Belief held in vain.
They put you in a cage, but you are free.

You are born, you grow, you reproduce unknowingly.
They don't decipher you.
Secret-suited missionary,
Uncertain of where your feet take you
Like a whirlwind perishing in its passage.
Magnifying glasses seek your origin.
You open your wings, seagull, pilgrim, and I live in you.

Translated by Maria Jacketti, Ph.D.

# MISTERIO MUTANTE

(en Español)

Como preludio de sinfonía
La historia te remonta
Te anuncia como evolución
Ruge como cachorro que se integra
Existencia, creencias y sueños que da el alba
Suicidio en el crepúsculo.

Te casaste en misterio con la luna y el mar
Como ola que va y viene
La mitología te hace volar sin alas
Eres eterno.

En tu vaivén
El estático transeúnte te mira fijo a los ojos
Escriben de tí
No te retienen
Mito de lo absurdo
Creencia en vano
Te enjaulan, pero eres libre.

Nace, crece, te reproduces sin saber
No te descifran
Misionero vestido en secreto
Sin certeza donde pisarán tus pies
Como torbellino muere al pasar
Lupas buscan tu origen
Abre tus alas gaviota,
peregrino, contigo quiero morar.

# ISLAND

Melted dreams in amber,
Forgotten cavemen awaiting to be awakened,
Peripheral vision impaired.
Road blocks.
Fortitude of mind.
Outside voices keep alive.
Bitter and sweet melancholy.

Enclosed capitol in seashells.
Volcanic lava without effect.
Letters written by themselves.
Herbs that cure the soul of many
A firefly illuminates the sky with purple.

The sea swallowed the noon.
A glow came out of the asphalt, a ghost.
Wasps thought otherwise.
Mystery drowned its lust.
Correspondent without a crown.

Bound by words,
a child gave me welcome smile.
island,
Discovered naked.
Woke up all dressed up.

# ISLA

Sueños derretidos en ámbar,
Hombres cavernarios olvidados,
Visión periférica impedida,
Restricción de caminos,
Fortaleza mental,
Voces externas me dan vida,
Agri-dulce melancolía.

Capitolio encerrados en concha de caracol,
Lava volcánica sin efecto,
Misivas escritas solas,
Hierbas que curan el alma,
Un cocuyo iluminó el cielo color púrpura.

El mar se tragó la luna,
El resplandor salía del asfalto como un espíritu,
Las avispas pensaron lo contrario,
El misterio ahogó su lujuria,
Corresponsal sin corona.

Compromiso de palabras,
Un niño me dio una sonrisa de bienvenida,
Isla,
Descubierta desnuda,
Amaneciste vestida.

# HAZLETON, ENCANTO DE DOS VIAS

(en Español)


Ya te sueño mientras voy en mi Rocinante moderno,
aquí donde los rayos del Sol debilitados traspasan el parabrisa,
traspasan mis palpados buscando cerrarlos,
ellos destellan gotas saladas,
descansaran en tus ríos y lagos de aguas dulces.

Me perdí en el vagar de mis pensamientos...
sentado en unos de tus bancos,
en parada de tren abandonadas.
pinté un pasado surrealista de tí en secreto,
tus vías ferroviarias me pintaron una imágen desnuda encantadora.

Hazleton, disverza y dispersa...
transvía de lo que siempre fuíste, eres y serás... cosmopolitan que te les pierdes en tu Historia,
te le escapa en secretos al que no te busca con profundidad.

Tu pasado y presente convergen,
coordenadas Cartesianas entre I-81 y I-80,
dan matiz a tus sueños venideros,
ya no en hoyado de roca sin pulir,
tu norte hacia Montréal,
tu sur hacia Bogota,
tu Este al Melting Pot (NYC),
Vías que bifurcan, lazos de esperanza,
en tí quiero morar.

Campanas sin sonidos ya empienzan a estallar!
Casas de fantasmas,
hoy son nuevamente llenas por transeúntes,
dan gloria a tu asilo.

Hazleton, color de ambar,
barro perfecto,
sudor que brota manantial de vida,
tierra, polvo y barro pulido,
reflejo de tantos caidos.
forja en mí, tu color.

Hazleton, que fusiona como perdona,
le diste forma y horizonte a muchos...
brilla diamante perdido,
haz sonreír con tu multicolor.

Me dejaste sin aliento,
entre en tí y me encontré a mí mismo,
ya sin sueño,
quiero respirar otro mañana contigo
viejo encanto, experimento coqueto de dos vías.

# HAZLETON, TWO LIVES OF ENCHANTMENT

(in English)

I dream about you Hazleton, as I ride inside my space-age Rocinante,
here where diluted sunrays pass through the windshields,
setting sail to put down my anchor, touching, closing in,
salty drops sparkle,
they will come to rest in your rivers and lakes of sweet water.

I lost myself wandering in thoughts of you,
I sat on one of your benches,
at an abandoned train stop,
and secretly, I painted a surreal past for you,
Your railways painted for me a naked, enchanted site.
Hazleton, diverse and dispersed,
surging by what you were, what you are, and what you will be,
so cosmopolitan that you get lost in your history,
it escapes you with secrets that only the one who searches your depths
can find.

Your past and present, like coordinated Cartesian maps, converge...
color your coming dreams,
leave no rock unpolished,
Your north facing Montréal, Your south facing Bogota,
Your east toward the Melting Pot,
Tracks that split in two, ribbons tied in hope,
I want to live inside of you.

Silent bells now begin to sound!
Once haunted homes,
are now filled again with transients,
who glorify your refuge.
Hazleton, set in amber,
perfect mud,
sweat bubbling up the stream of life,
earth, dust and sparkling mud, reflection of so many of the fallen.
Forge your color in me.

Hazleton you practice fusion as you forgive,
You gave form too so many...
shine on lost diamond,
inside your many colors, smile.

You left me bereft of breath,
I entered you and found myself, and now sleepless,
Let me inhale another morning with you,
old enchantment, in this experiment, I flirt with two worlds.

Translated by Maria Jacketti, Ph.D.

# Français

POÈMES

# LE FEUILLAGE: ENTRE LA CHAUX-DE- FONDS ET NEUCHÂTEL

Je t'attends toujours
Toujours belle,
Tu me parle d'hier,
Tu me montre l'amour,
Ta brise fraîche, dépose un baiser sur mon visage,
Tu me souffle une chanson au violon,
La lumière qui traverse les branches,
Parle de ta complicité avec l'éternité,
Annonçant le changement et l'espoir,
Tu es déjà devenue ma raison d' être.

Vent...
Quand tu descends comme l'infini,
Avant que tu touches la terre,
Tu m'emmène dans un voyage, que je ne regrette jamais,
Comme une symphonie que compose Rachmaninoff,
Tu me souffle espérance et sinistre,
Tu me donne un coup au coeur,
Tu me laisse endormi puis me réveille,

Parfum...
Quand tu m'embrasse,
Tu laisses un arôme de lavande sur moi,
Ma peau est douce comme de la soie,
Quand je te pietine,
Je sens ton esprit,

Visage...
Quand la lumière traverse ton squelette,
Quand je te regarde l'âme,
Je sais que le temps est ici.

Couleur...
Rouge comme les pommes,
Marron comme le chocolat de Neuchâtel,
Jeune comme le Soleil,
Violet comme le vin,
Ta multitude de couleurs me donne vie,
Je t'entends toujours.

Ce n'est pas moi que ta venue va effrayer,
Tu reviens tout le temps,
Ce n'est pas du déjà-vu,
Pas la mort,
Seulement, la couleur de l'amour.

Quand tes feuilles sont tombées,
C'est toi que m'a réveillé,
M'a dis Bonjour et m'a dis Bonne nuit entre La Chaux-de-Fonds et Neuchâtel.

# JE SOUHAITE..

Te connaître un petit peu,
Visiter ton château,
Que tu me racontes tes bonheurs,
Que nous voyagions au plus-que-parfait,
Que nous rigolions comme de petits gamins.


Qu'on change de chaussettes ensemble,
Que nous nous promenions en dessus et en dessous du contraste bleu,
Que tu me fasses un clin d'oeil,
Que tu brûles le première petit dejeurner,
Que nous volions les clés de la première voiture spatiale,
Que nos coeurs battent aussi vite que lors d'un tour en montagnes russes.

Quand nous écraserons le chocolat avec notre bouche,
A midi, quand nous mangerons notre fruit interdit, la framboise,
Que ta parfume éclate partout.

Que la fumée de la cheminée compose ton prénom dans l'air,
Sentir les papillons dans nos ventees
Que l'esprit la statue de la liberté est à toi,

Quand les roches appellent ton nom...

Quand arriverons à ton château par la mer,
En calèche comme dans le passé,
Là, tu porteras une robe royale tout au long de la nuit,
Des bijoux avec une perle noire,
Où il y sera inscrit «toi et moi.»

Nous nous promenerons avec les oiseaux et fleur de lys,
Là, tu connaîtras François Villion à la plage.
Là, nous serons tranquille, loin de cette agitation,
Là, nous aurons à jamais un fragment de «je t'aime."
Et nous ferons tous ce que nous souhaitons.

# ACKNOWLEDGEMENTS/ AGRADECIMIENTOS

My family, mother and brothers, have always supported me throughout my career. My cousins, Ivelisse, Jennifer and Chloé in Switzerland. To my childhood's friends: Armando, Francis, Francisco, Joanna, Julia and Omar.

My college friends, Cristian, Hector, Javier. Also to Ray, my mentor.

To my editor, Maria Jacketti, Ph.D.

To the Brooklyn Historical Society, for archiving my poem of Park Slope.

To Hazleton Historical Society & Museum, for archiving my poem of Hazleton.

To James Anzalone, Architect, for allowing to use his sketch of Grand Army Plz.

A mis familiares, hermanos, especialmente, a mi madre que mantuvo la llama ensendida en mi toda una vida. A mis primas, Ivelisse y Jennifer en Suisa. A mis amigos de infancia, Armando, Francis, Francisco, Joanna, Julia y Omar.

A mis amigos de universidad, Cristian, Hector, Javier. También, a Ray, mi consejero, a Alexia Santana por apoyarme en varios de mis projectos.

A mi editora, Maria Jacketti, Ph.D.

A Karina Rieker, por motivarme a escribir más poemas. A Fernando Paniagua por creer siempre en mi. A Rosy por creer en mi literatura. A Eddy Ulerio por sus sugerencias y estilo en la poesía libre.

A la Sociedad Historica de Brooklyn, por archivar mi poema de Park Slope.

A la Sociedad Historica & Museo, por archivar mi poema de Hazleton.

A James Anzalone, Arquitecto, por permitirme utilizar su bosquejo de Grand Army Plz.

www.ingramcontent.com/pod-product-compliance
Lightning Source LLC
Chambersburg PA
CBHW031117080526
44587CB00011B/1015